o pintor de biombo
Diogo Mizael

cacha
lote

o pintor de biombo

Diogo Mizael

curta noite
perto de mim, junto ao travesseiro
um biombo de prata

Yosa Buson

*Remendei minhas velhas calças, troquei as tiras
do meu chapéu de palha e apliquei moxabustão
nos joelhos para fortalecê-los.*

Matsuo Bashō, Trilhas longínquas de Oku

humildemente, à Monja Waho sensei e toda sangha Therigatha

Parinirvana

Círculo sem fim
pintado de nanquim –
quando será meu fim?

14 **Hanamatsuri**

Na Praça da Liberdade
o mendigo banha
o Buda com sakê

Fuyu Sesshin (Gonçalves-MG)

Sesshin de inverno –
pelos morros de Minas
Buda fala uai!

16   Fogueira no quintal –
Kannon é invocada
na cerimônia do cacau!

jisei (poema de despedida)

Já tentei o exílio
os frades carmelitas
e tênis-de-mesa

18 **obon**

Dia de *Obon*.
o sorriso no rosto
da dona da floricultura

Dia de Finados –
todas as orquídeas
lembram minha mãe

20 Dia de Finados –
    lembro do meu pai
    vendo Fórmula 1

Missa de 49 dias –
chá e bolachinhas
para os convidados

22   Monástico
      Doméstico –
      Errático

Dia de todos os *Bodisatvas* –
uma multidão de grãos de areia
à beira do Ganges

24 **banka fugin**

Cerimônia da tarde —
alguém toca a campainha
procurando páo

rohatsu

Domingo de *Rohatsu* –
limpar o que está limpo
e ainda tem os corações!

26   Fim de *Rohatsu*
dentro de mim
parece feriado!

Último dia de *Rohatsu* –
escrevo uma carta
com destino a Bodigaya

28 Shakyamuni Buda
volta sozinho pra casa.
fim de *Rohatsu*

mondô

A folha de seda
tem a mesma natureza
do papel higiênico

30 **samu**

Limpando o altar
um pernilongo pousa
no *ihai* do meu pai

Santoka Taneda
morreu sem discípulos –
Eu sou seu discípulo!

32   Que susto!
um grande pensamento
abriu mão de mim

Debaixo da árvore
o lixo reciclado espera
o caminhão passar

para Laura Mayumi

Fim de *zazen* —
dentro do tambor
tá bom

Mesmo nublado
esta noite mostro
o *ku* pra Lua

36 Nesta tarde abafada
o cogumelo no canteiro
guia o meu caminho

Sapo nos sapatos –
onde está
o lago?

38   Escrever um filho
      fazer uma árvore
      plantar haikais

Tarde nublada.
por que *tsuru*
estás assim, tão jururu?

40   Pássaro no semáforo
      controla a cidade toda
      sem um piu

Velho pássaro
piando no galho –
meu amigão

42   As coisas são assim
        como assim?
        assim como é, ué

Na cidade ou na praia
esta tarde de domingo
não irá se repetir

44 Assim como o outono
meus cabelos já se foram –
Leio o *Sutra de Lótus*

Comum ou sagrada
esta tarde de domingo
não vai se repetir

46   Fim de semestre –
na matéria da vida
fiquei de recuperação

Feijoada e sushi
garfo faca e hashis
sobre a mesa

48 Haikai não enche barriga
haikai não paga as contas –
Hito mo Issa!

Noite de *teishô*.
procuro o Caminho
mesmo confuso

50   A Terra Pura
     não é aqui e agora
     cagando de manhã?

No mosteiro sozinho
do meio dia até a uma
com as fôrmas de pão

52   **à Bashô**

Dia do poeta –
um olho na ameixeira
outro na perereca

Vivo cada momento
não mais como o último
mas como o primeiro

54   Que engraçado!
     se refresca na descarga
     a mosca-de-banheiro

Fim da semana –
momento presente
momento sem graça

56   Composteira do mosteiro –
uma minhoca aponta
para a Lua

Bonita no manto
a monja careca
rezando por todos

58   Um pingo d'água
conta sua experiência
de ter caído no mar

para Mestre Bico Duro

Sábado de manhã –
Manjusri e Xangô
jogam capoeira

60   Lá vai São Francisco
        tocando violino
        com dois paus secos

Lua de outubro –
Um cheiro de maconha
vindo da rua

62   Fim de Primavera –
      os cabelos brancos
      são bem-vindos

Nasci em Outubro
perdi a mãe em Março
Bashô em Novembro

64   É meio-dia –
     na ciclofaixa vazia
     só o sorveteiro

Domingo, meio-dia –
na ciclofaixa vazia
o sorveteiro buzina

66 Como são felizes
as crianças jogando taco –
lembram Masaoka Shiki

Mijando sem pressa
no canteiro de bromélias
o cão sem dono

68   Fim de Novembro –
       com os postes apagados
       o não-ver é visto

Som alto do vizinho –
também faz barulho
dentro de mim

70   Natal chegando
missô arroz e shoyo
aceito como presentes!

Véspera de Natal –
entre mim e a Cantareira
poucos pensamentos

72   Mente de principiante –
      esqueci tudo que aprendi
      em algum lugar

As colinas
liberam nuvens de trovões –
brilha o *haijin*!

74   Sonho desta noite –
um navio no oceano vazio
se enrolando no céu

para Gabi e Filipe

Aos 20 só festas
aos 40 só as frestas –
Tarde de Janeiro

76   Noite de Lua
também posso miar
Oh! gato de rua

Gato na chuva –
olhei para dentro
também miei

78   Varrendo o quintal
me espetou na bunda
o ramo do pinheiro

Ferver a água
pôr na garrafa –
nossa intimidade

80   *Zazen* da manhã –
o cheiro de incenso
e de mau hálito

Mesmo caindo
de novo e de novo –
o chão é novo

82   Ninguém cai
     no mesmo chão
     duas vezes

Quanta água!
o verão escolheu
o nosso ralo

84   Quando o sol sai
algo sai do sol –
a vida toda, Ah!

A folha falha
se não larga
do galho

86 Se segura
    no galho fino
    a folha seca

Quando dois Budas brigam
Mestra e aluno –
a lua aumenta o brilho

88   Namu Amida Butsu –
repete com fervor
o vendedor de abajur

Indo como as ruas

Senta na rua
senta na chuva
senta na Lua

90   *Zazen* na rua –
Estou de frente pras pessoas
e ninguém se salva

A linha vai
a agulha vem
cosendo os dias

92   Perdi os pais
a namorada e o emprego
e a lua desta noite!

Aldeia do Bananal – Peruíbe/SP

Alto do Bananal –
na insolação da tarde
o espectro de Bashô

CARA LEITORA, CARO LEITOR

A **Cachalote** é um selo do grupo editorial **Aboio** criado em parceria com a **Lavoura Editorial**.

Lemos, selecionamos e editamos com muito cuidado e carinho cada um dos livros do nosso catálogo, buscando respeitar e favorecer o trabalho dos autores, de um lado, e entregar a vocês, leitores, uma experiência literária instigante.

Nada disso, portanto, faria sentido sem a confiança que os leitores depositam no nosso trabalho. E é por isso que convidamos vocês a fazerem cada vez mais parte do nosso oceano!

Todas as apoiadoras e apoiadores das pré-vendas da **Cachalote:**

— **têm o nome impresso nos agradecimentos dos livros;**
— **recebem 10% de desconto para a próxima compra de qualquer título do grupo Aboio.**

Conheçam nossos livros e autores pelos portais **cachalote.net** e **aboio.com.br** e siga nossos perfis nas redes sociais. Teremos prazer em dividir com vocês todos nossos projetos e novidades e, é claro, ouvir suas impressões para sempre aprendermos como melhorar!

Embarque e nade com a gente.

Cada livro é um mergulho que precisa emergir.

APOIADORAS E APOIADORES

Agradecemos às 147 pessoas que apoiaram nossa pré-venda e confiaram no trabalho feito pela equipe da **Cachalote**.

Sem vocês, este livro não seria o mesmo.

A todos os que escolheram mergulhar com a gente em busca de vozes diversas da literatura brasileira contemporânea, nosso abraço. E um convite: continuem acompanhando a **Cachalote** e conheçam nosso catálogo!

Adriane Figueira Batista
Alex Luiz da Silva
Alexander Hochiminh
Alisson Felipe Granja de Souza
Allan Gomes de Lorena
Ana Luiza Chieffi
André Balbo
André Costa Lucena
André Pimenta Mota
Andreas Chamorro
Andressa Anderson
Anthony Almeida

Antonio Pokrywiecki
Arthur Lungov
Bianca Canali da Silva
Bianca Monteiro Garcia
Caco Ishak
Caio Balaio
Caio Filipe da Motta Lima
Caio Girão
Caio Simplicio Arantes
Calebe Guerra
Camila dos Reis Tártaro Ishibashi
Camilla Loreta

Camilo Gomide
Carla Guerson
Cecília Garcia
Cintia Brasileiro
Claudia Cassal de Azevedo
claudine delgado
Cleber da Silva Luz
Cleiton Reiko Signor
Cristina Machado
Daniel Dago
Daniel Dourado
Daniel Giotti
Daniel Guinezi
Daniel Leite
Daniela Rosolen
Danilo Brandao
Denise Lucena Cavalcante
Dheyne de Souza
Eduardo Henrique Valmobida
Eduardo Rosal
Enzo Vignone
Fábio José da Silva Franco
Febraro de Oliveira
Felipe Naday

Flávia Braz
Flávio Ilha
Francesca Cricelli
Frederico da Cruz Vieira de Souza
Gabo dos livros
Gabriel Cruz Lima
Gabriel Stroka Ceballos
Gabriela Favre
Gabriela Machado Scafuri
Gabriela Pereira Rocha
Gael Rodrigues
Giselle Bohn
Giullia Assmann Knothe
Guilherme Belopede
Guilherme da Silva Braga
Gustavo Bechtold
Gustavo Morita
Henrique Emanuel
Henrique Lederman Barreto
Jadson Rocha
Jailton Moreira
Jefferson Dias
Jessica Martins de Castro
Jessica Ziegler de Andrade

Jheferson Rodrigues Neves
João Luís Nogueira
João Pedro Pupo
Júlia Gamarano
Júlia Vita
Juliana Costa Cunha
Juliana Slatiner
Júlio César Bernardes Santos
Laís Araruna de Aquino
Laura Mayumi Hashimoto
Laura Redfern Navarro
Leitor Albino
Leonardo Pinto Silva
Leonardo Zeine
Lili Buarque
Lolita Beretta
Lorenzo Cavalcante
Lucas Ferreira
Lucas Lazzaretti
Lucas Verzola
Luciano Cavalcante Filho
Luciano Dutra
Luis Felipe Abreu
Luísa Machado

Luiza Helena R. Gianesella
Manoela Machado Scafuri
Marcela Roldão
Marcelo Salles
Marco Bardelli
Marcos Vinícius Almeida
Marcos Vitor Prado de Góes
Maria Fernanda V. de Almeida
Maria Inez Frota Porto Queiroz
Mariana Donner
Mariana Figueiredo Pereira
Marina Barrichello Marone
Marina Lourenço
Martina Cavalcanti
Mateus Magalhães
Mateus Torres Penedo Naves
Matheus Picanço Nunes
Mauro Paz
Milena Martins Moura
Minska
Natalia Timerman
Natália Zuccala
Natan Schäfer
Otto Leopoldo Winck

Paula Maria
Paulo Cezar Pereira de Mello
Paulo Scott
Pedro Torreão
Pietro Augusto Gubel Portugal
Rafael de Freitas Amambahy
Rafael Mussolini Silvestre
Renata Diniz Gomes
Renata Motta
Ricardo Kaate Lima
Rodrigo Barreto de Menezes
Rosângela P. Batista
Rui Miras Costa
Samara Belchior da Silva
Sandra Degenszajn
Sergio Mello
Sérgio Porto
Taís Jamra Tsukumo
Thais Fernanda de Lorena
Thassio Gonçalves Ferreira
Thayná Facó
Tiago Moralles
Valdir Marte
Wania Favero

Weslley Silva Ferreira
Yvonne Miller

EDIÇÃO André Balbo
ASSISTÊNCIA EDITORIAL Nelson Nepomuceno
COMUNICAÇÃO Thayná Facó
REVISÃO Veneranda Fresconi
PROJETO GRÁFICO Leopoldo Cavalcante
CAPA Luísa Machado

© da edição Cachalote, 2024
© do texto Diogo Mizael, 2024

Todos os direitos reservados. Nenhuma parte desta obra pode ser reproduzida, arquivada ou transmitida de nenhuma forma ou por nenhum meio sem a permissão expressa e por escrito da Aboio.

Grafia atualizada segundo o Acordo Ortográfico da Língua Portuguesa de 1990, que entrou em vigor no Brasil em 2009.

Dados Internacionais de Catalogação na Publicação (CIP)
Eliane de Freitas Leite — Bibliotecária — CRB-8/8415

Mizael, Diogo
   O pintor de biombo / Diogo Mizael. -- São Paulo
: Cachalote, 2024.

   ISBN 978-65-982871-6-0

   1. Poesia brasileira I. Título.

24-207886   CDD-B869.1

Índices para catálogo sistemático:
1. Poesia : Literatura brasileira

[2024]

Todos os direitos desta edição reservados à:
ABOIO EDITORA LTDA
São Paulo — SP
(11) 91580-3133
www.aboio.com.br
instagram.com/aboioeditora/
facebook.com/aboioeditora/

[Primeira edição, junho de 2024]

Esta obra foi composta em Adobe Caslon Pro.
O miolo está no papel Pólen® Natural 80g/m².
A tiragem desta edição foi de 150 exemplares.
Impressão pelas Gráficas Loyola (SP/SP)

A marca FSC® é a garantia de que a madeira utilizada na fabricação do papel deste livro provém de florestas que foram gerenciadas de maneira ambientalmente correta, socialmente justa e economicamente viável, além de outras fontes de origem controlada.